KUCHEN trifft GEMÜSE

Süße Leckereien querbeet

VORWORT

Schon unsere Großmütter kannten „Geheimzutaten", mit deren Hilfe ihre Kuchen saftig und locker wurden: Durch die einfache Zugabe von geriebenen Karotten bekam der Kuchen nicht nur die nötige Feuchtigkeit, sondern auch noch eine besonders intensive Farbe.

Ich habe auf den folgenden Seiten meine besten Gemüsekuchen-Rezepte für Sie zusammengestellt und hoffe, dass Sie ihre helle Freude an meinen sagenhaft saftigen Torten, Muffins, Cake Pops und Cookies haben werden.

Viel Spaß beim Nachbacken und Probieren!

ROT

GELB

GRÜN

ORANGE

GEMÜSEINFO

ROTE BETE

Die Farbexpertin unter den Gemüsesorten! Aber Achtung, die Rote Bete kann beim Backen auch ihre Farbe verlieren! Daher am besten frische Bete verwenden und wer es geschmacklich weniger erdig mag greift am besten auf bereits vorgekochte Rote Bete zurück.

AUBERGINE

Die Kalorienarme im Gemüseregal. Sie ist nahezu geschmacklos und hat nur wenige Kalorien. Vor dem Backen sollte sie vorgegart und püriert werden. Sie macht den Kuchen sehr saftig und zart.

HÜLSENFRÜCHTE

Die Geschmeidigen. Püriert man gekochte Hülsenfrüchte entsteht eine schwere, geschmeidige Masse, die dem Gebäck diese Eigenschaft weitergibt. Sie sind als Topping oder auch als Teig ein Hit.

TOMATE

Die Königin der Gegensätze. Tomaten haben einen zu starken Eigengeschmack, um Sie in einem süßen Teig zu verarbeiten. Aber als Füllung eigenen Sie sich wunderbar. Ihr eigener süßsauerer Geschmack kombiniert mit Früchten und noch mehr Süße aus Zucker passt sehr gut zu einem knusprigen Teig.

MAIS

Der Wandlungskünstler. Gekochter und pürierter Mais bringt eine feine, frische Süße in den Teig. Erhitzt man die Maiskörner erhält man fluffiges Popcorn, welches sich perfekt als Tortendeko eignet.

PASTINAKE

Die Lockere. Pastinaken entwickeln eine wunderbare Süße, wenn sie gegarte werden, ähnlich wie Karotten. Immer darauf achten, die Pastinaken erst kurz vor dem Verarbeiten fein zu reiben, da sie an der Luft schnell braun werden. Durch ihre Struktur verleihen sie dem Kuchen eine wunderbare Lockerheit.

KARTOFFEL

Die Traditionelle. Mit Kartoffeln haben schon unsere Omas gebacken. Sie werden roh oder gekocht fein geraspelt und machen den Teig super saftig und stabil. Dazu kommt, man hat sie oft vorrätig zu Hause, da sie sich lang frisch halten.

MARONEN

Die Andere. Streng genommen sind Maronen kein Gemüse. Ihr besonderes und einzigartiges Aroma entfaltet sich erst beim Garen. Sie schmecken nussig-süßlich und können beim Backen als Püree oder auch gehackt verarbeitet werden.

SPINAT

Der Auffällige. Den Spinat vor der Verarbeitung im Teig putzen, blanchieren, abtropfen und gut auskühlen lassen. Spinat färbt den Teig auf natürliche Weise sehr intensiv und verleiht dem Kuchen ein frisches Aroma.

AVOCADO

Die Cremige. Die grüne Frucht ist reich an gesundem Fett, weshalb Butter beim Backen hier überflüssig wird. Sie hat außerdem eine tolle cremige Konsistenz. Im Teig verschwindet ihre Farbe, aber als Frosting ist Avocado ein echter grüner Hingucker.

ZUCCHINI UND SALATGURKE

Die Saftigen. Beide Gemüse sind sehr wasserhaltig. Wenn kein Vollkornmehl verwendet wird, sollten sie nach dem Raspeln ausgedrückt werden. Beide schmecken sehr neutral und bringen auch keine Farbe in den Teig. Dafür machen sie den Teig so saftig, dass sonst keine anderen feuchten Zutaten nötig sind.

GRÜNE ERBSEN

Der Musterschüler. Sie sehen schön grün aus und enthalten viele Proteine aber wenig Fett und Kohlenhydrate. Da gönnt man sich gerne auch einmal ein zweites Stück.

GRÜNKOHL

Der Trendsetter. Er ist momentan der Star unter den Gemüsen und wird auch als Super-Food gehandelt. Als deftige Kohlbeilage mag ihn nicht jeder. Im Kuchen zeigt er aber seine Zarte Seite, macht den Kuchen schön saftig, grün und aromatisch.

KAROTTE

Der Klassiker, wenn es um Backen mit Gemüse geht. Einen Karottenkuchen kennt und liebt fast jeder und das nicht nur zur Osterzeit.

SÜSSKARTOFFEL

Die Würzige. Als Backzutat sind die Knollen hauptsächlich in den USA bekannt. Sie haben einen tollen würzigen Geschmack, der mit den passenden Gewürzen noch verstärkt werden kann.

KÜRBIS

Der amerikanische Star. Auch der Kürbis ist bei uns in süßer Form noch nicht so bekannt wie in den USA. Dort gibt es ihn sogar schon fix und fertig als Püree in Dosen zu kaufen. Kürbis ist aromatisch und kann als Püree im Teig, aber auch in verschiedener Form als Füllung eingesetzt werden.

ROTES GEMÜSE

ROTE-BETE-SCHOKO-KUCHEN

mit Cheesecake-Topping

ZUTATEN

Für 10 Stücke

Schokoladenteig

300 g Rote Bete
200 g dunkle Schokolade (70 % Kakaoanteil)
Butter für die Form
150 g Zucker
1 Päckchen Vanillezucker
3 Eier (M)
150 g Mehl
1 TL Backpulver
3 EL Kakao
Salz

Cheesecake-Topping

400 g Doppelrahmfrischkäse
50 g Zucker
2 Eigelb

1. Rote Bete waschen. In einem Topf mit Wasser aufkochen und die Rote Bete bei schwacher bis mittlerer Hitze zugedeckt ca. 1 Stunde garen, abgießen und etwas abkühlen lassen. Schokolade grob hacken und über einem heißen Wasserbad schmelzen, dabei öfter umrühren. Beiseitestellen und abkühlen lassen.

2. Den Backofen auf 180 °C (Ober- und Unterhitze; Umluft 160 °C) vorheizen. Springform mit Backpapier auslegen. Ränder der Form einfetten. Rote Bete schälen und in kleinen Stücken fein pürieren.

3. Für das Cheesecake-Topping Frischkäse, Zucker und Eigelbe mit einer Gabel gut vermengen und glatt rühren. Kühl stellen.

4. Zucker, Vanillezucker und Eier in eine Teigschüssel geben und mit den Schneebesen des Rührgeräts schaumig rühren. Geschmolzene Schokolade mit der Roten Bete in die Teigschüssel geben und beides nur kurz unter die Eiermischung rühren. Mehl, Kakao, Backpulver und 1 Prise Salz mischen, dazusieben und unterheben. Den Teig in die vorbereitete Backform füllen. Das Cheesecake-Topping gleichmäßig darüber verteilen. Für die Marmorierung die Spitze eines Messers mehrmals von unten nach oben durch die beiden Schichten ziehen.

5. Den Kuchen auf der mittleren Schiene des Backofens 45–50 Minuten backen. In der Form auf einem Kuchengitter auskühlen lassen.

ZUBEREITUNGSZEIT: ca. 45 Minuten · **BACKEN:** 45–50 Minuten · **BACKFORM:** Springform (24 cm ø)

WAFFEL-COOKIES

mit Rote-Bete-Glasur

ZUTATEN

Für 14 große Cookies

Teig

¼ Vanilleschote
100 g getrocknete gemischte Beeren
120 g weiche Butter und bei Bedarf etwas für das Waffeleisen
100 g brauner Zucker
2 Eier (M)
100 g Mehl
100 g feine Haferflocken
½ TL Backpulver

Glasur

1 frische Rote Bete (ca. 150–170 g)
250 g Puderzucker
1–2 EL Zitronensaft nach Bedarf

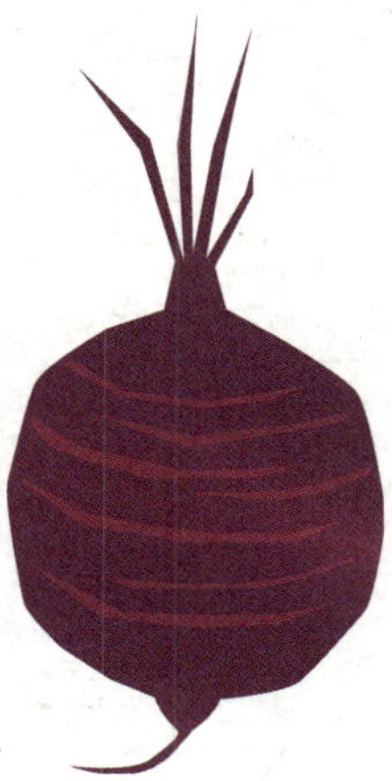

1. Für den Waffelteig die Vanilleschote längs einschneiden und das Mark herauskratzen. Beeren sehr fein hacken. Das Waffeleisen nach Bedienungsanleitung vorheizen.

2. Weiche Butter, Vanillemark und Zucker mit den Schneebesen des Rührgeräts hellcremig rühren. Eier nacheinander einrühren. Mehl, Haferflocken und Backpulver mischen und mit einem Teiglöffel zügig untermischen. Zum Schluss Beeren unterheben.

3. Das Waffeleisen bei Bedarf mit etwas Butter einfetten. Nach und nach mit zwei Esslöffeln oder einem Eisportionierer (ø 5 cm) mit genügend Abstand etwa eiskugelgroße Teigportionen in die Waffelform setzen, Eisen schließen und den Teig backen, bis die Cookies nach ca. 3 Minuten goldbraun sind. Das dauert – je nach Waffeleisen – unterschiedlich lange. Cookies auf einem Gitter auskühlen lassen.

4. Für die Glasur Rote Bete schälen und mit der Küchenreibe fein raspeln. Zusammen mit 5 EL Wasser in einem kleinen Topf erhitzen und zugedeckt bei mittlerer Hitze 6–8 Minuten garen, bis die Rote Bete Wasser zieht. Von der heißen Herdplatte nehmen und etwas abkühlen lassen.

5. Puderzucker in eine Schale füllen. Die Rote Bete nach und nach in ein feines Sieb geben und mit der Rückseite eines Löffels ausdrücken. Dabei den Saft zum Puderzucker tröpfeln lassen, dann umrühren. So viel Rote-Bete-Saft ausdrücken, bis die Glasur die Konsistenz von Vanillesauce hat. Bei Bedarf weiter mit Zitronensaft verdünnen. Cookies mit einer Seite in die Glasur tunken, gut abtropfen lassen und auf einem Gitter trocknen lassen.

ZUBEREITUNGSZEIT: ca. 20 Minuten · **BACKEN:** pro Cookie 3 Minuten · **BACKFORM:** Belgisches Waffeleisen

AUBERGINEN-SCHOKO-SOUFFLÉ

mit Kardamom

ZUTATEN

Für 4 Portionen

2 Auberginen (ca. 400 g)
1 EL geschmacksneutrales Öl
100 g dunkle Schokolade
(70 % Kakaoanteil)
1 TL gemahlener Kardamom
etwas weiche Butter für die Form
2 Eigelb
5 Eiweiß
50 g Puderzucker
etwas Kakao

1. Backofen auf 220 °C (Ober- und Unterhitze) vorheizen. Auberginen waschen, Stielansätze abschneiden und längs halbieren. Schnittflächen mit Öl bestreichen und mit der Schnittfläche nach unten auf ein mit Backpapier belegtes Blech legen. Im Ofen (Mitte) ca. 30 Minuten garen, bis das Fruchtfleisch richtig weich ist. Herausnehmen und etwas abkühlen lassen. Den Backofen auf 180 °C (Ober- und Unterhitze) herunterschalten.

2. Schokolade grob hacken und über einem heißen Wasserbad schmelzen, dabei öfter umrühren. Kardamom unterrühren. Beiseitestellen und etwas abkühlen lassen. Tassen oder Förmchen mit Butter einfetten.

3. Das Auberginenfleisch mit einem Löffel aus den Schalen kratzen. Es sollten ca. 200 g sein. Mit dem Pürierstab fein pürieren. Schokolade mit den Schneebesen des Rührgeräts unterrühren. Eigelbe einzeln untermischen. Eiweiße steif schlagen, dabei den Puderzucker nach und nach dazugeben. Ein Viertel des Eischnees mit dem Schneebesen unter die Masse heben. Restlichen Eischnee mit einem Spatel vorsichtig unterheben.

4. Förmchen oder Tassen bis ca. 1 cm unter den Rand füllen. Im Ofen (Mitte) 20–25 Minuten backen. Herausnehmen, mit Kakao bestäuben und sofort servieren.

ZUBEREITUNGSZEIT: ca. 30 Minuten · **BACKEN:** 20–25 Minuten · **BACKFORM:** 4 Tassen oder Soufflé-Förmchen (á 250 ml)

OMBRE-CHEESECAKE

mit Roter Bete und Himbeeren

ZUTATEN

ca. 8-10 Stücke

Boden

70 g Butter
10 Schoko-Butterkekse

Cheesecake

9 Blatt Gelatine
100 g Schlagsahne
200 g vorgegarte Rote Bete
300 g Himbeeren
1 Zitrone
600 g Quark (20 % Fett)
300 g Mascarpone
180 g Puderzucker
2 Päckchen Vanillezucker

Dekoration

100 g dunkle Kuvertüre
10 g Palmfett
frische Rote Bete (nach Belieben)

1. Den Boden und den Rand der Backform mit Backpapier auskleiden. Die Butter in einem kleinen Topf bei mittlerer Hitze schmelzen. Inzwischen die Butterkekse mit einem Blitzhacker fein zerbröseln. Kekskrümel mit der geschmolzen Butter mischen, dann auf dem Boden der Kuchenform verteilen und mit der Rückseite eines Löffels gut andrücken und kühl stellen.

2. Für den Cheesecake jeweils 3 Blatt Gelatine in Wasser einweichen. Die Sahne mit den Schneebesen des Rührgeräts sehr steif schlagen und kühl stellen. Die Rote Bete etwas kleiner schneiden und mit den Himbeeren so fein wie möglich pürieren. Die Zitrone auspressen.

3. Quark, Mascarpone, Puderzucker, Vanillezucker und Zitronensaft mit einem Schneebesen glatt rühren. Die Masse dritteln. Für den Ombre-Effekt unter 2 der 3 Portionen das Rote-Bete-Himbeer-Püree mischen. Für die erste dunkelste Cheesecakeschicht die erste Portion der Quarkmasse mit so viel Püree mischen, bis diese sehr farbintensiv ist. Die zweite Portion nicht mehr so stark einfärben. Das letzte Drittel bleibt weiß.

4. 3 Blatt Gelatine nach Packungsanweisung auflösen und zügig mit der dunkelsten Quarkmasse verrühren. Ein Drittel der Sahne vorsichtig unterheben, dann in die Springform füllen und glatt streichen. Für 2 Stunden in den Kühlschrank stellen und die Schicht fest werden lassen. Diesen Vorgang noch mal mit der helleren und weißen Schicht wiederholen. Den fertig geschichteten Ombre-Cheesecake mindestens 4 Stunden oder über Nacht kühl stellen.

5. Die Kuvertüre grob hacken und mit dem Palmfett über einem heißen Wasserbad schmelzen, dabei öfter umrühren. Gleichmäßig auf der Oberfläche der Torte verstreichen und trocknen lassen.

6. Ombre-Cheesecake vorsichtig aus der Backform lösen. Für die Dekoration nach Belieben aus der Roten Bete mit einem Kugelausstecher kleine Kugeln ausstechen und dekorativ auf der Torte anrichten.

ZUBEREITUNGSZEIT: ca. 45 Minuten • **KÜHLEN:** mindestens 8 Stunden • **BACKFORM:** 10 cm hohe Springform (18 cm ø)

TIPP

Dekorieren Sie die Torte mit einer Roten Bete-Knolle oder frisch und fruchtig mit leckeren Himbeeren.

BEANIE-CUPCAKES

mit Erdnuss-Frosting

ZUTATEN

Für 12 Stück

Für den Teig

300 g schwarze Bohnen aus der Dose
100 ml neutrales Öl und bei Bedarf etwas für die Form
200 ml gesüßter Mandel-Drink
2 Eier (M)
150 g Vollrohrzucker
250 g Mehl
2 gehäufte TL Backpulver
1 gehäufter EL Kakao
1 Prise Salz
50 g Schokoraspel

Für das Frosting

300 schwarze Bohnen aus der Dose
2 EL Kakao (20 g)
100 g feine Erdnussbutter
6 EL Ahornsirup
1 Prise Salz
Goldpuder nach Belieben

1. Backofen auf 180 °C (Ober- und Unterhitze) vorheizen. Mulden der Muffinform bei Bedarf einfetten oder Papierförmchen hineinsetzen. Die Bohnen für den Teig und das Frosting in ein Sieb abgießen, abspülen und gut abtropfen lassen. Anschließend für den Teig 300 g Bohnen mit dem Öl und dem Mandel-Drink mit dem Pürierstab zu einem sehr feinen Mus pürieren.

2. Eier und Zucker mit einem Schneebesen gut verrühren, nicht schaumig schlagen. Bohnenpüree dazugeben und unterrühren. Mehl, Backpulver, Kakao und Salz mischen und mit einem Teiglöffel zügig unter die Bohnenmischung mengen. Nicht zu lange rühren, sonst wird der Teig zäh. Zum Schluss die Schokoraspel unter den Teig heben.

3. Teig in die Mulden der Form verteilen. Cakes im Ofen (Mitte) 20–25 Minuten backen. Herausnehmen, kurz abkühlen lassen, aus der Form lösen und vollständig auskühlen lassen.

4. Für das Frosting restliche Bohnen mit den übrigen Zutaten für das Frosting mit dem Pürierstab sehr fein pürieren. Frosting mit einem Messer auf die Cakes streichen. Nach Belieben mit Goldpuder dekorieren.

ZUBEREITUNGSZEIT: ca. 45 Minuten · **BACKEN**: 20–25 Minuten · **BACKFORM**: 12er-Muffinform

ROTE-BETE-SCHNECKEN

mit Kardamom

ZUTATEN

Für 12 Stück

Für den Teig

1 Rote Bete (150-200 g)
250 ml Milch
50 g Butter
1TL Zucker
1 Päckchen Trockenhefe
200 g Mehl und etwas für die Arbeitsfläche
400 g Vollkornmehl
100 g Zucker
1 Ei (M)

Für die Füllung

70 g Butter
20 Kardamomkapseln
120 Vollrohrzucker

1. Rote Bete waschen, in einem Topf mit Wasser aufkochen und bei schwacher bis mittlerer Hitze zugedeckt 1 Stunde garen. Anschließend abkühlen lassen. Rote Bete schälen, in Stücke schneiden und mit einem Pürierstab fein pürieren.

2. Milch lauwarm erwärmen und die Butter darin schmelzen lassen. Vom Herd nehmen. Zucker und Trockenhefe in Milch streuen und ca. 5 Minuten gehen lassen, bis die Hefe anfängt zu schäumen. Inzwischen beide Mehlsorten, Zucker und 1 Prise Salz in einer Schüssel mischen. Eine Mulde in das Mehl drücken. Ei, Rote-Bete-Püree und Milchmischung hineingeben und alles zuerst in der Schüssel, dann auf einer bemehlten Arbeitsfläche in mehreren Minuten zu einem weichen Teig verkneten. Bei Bedarf noch etwas Mehl einarbeiten. Teig in einer Schüssel abdecken und über Nacht im Kühlschrank gehen lassen.

3. Teig am nächsten Tag aus dem Kühlschrank nehmen und warten, bis er Raumtemperatur angenommen hat. Inzwischen für die Füllung die Samen aus den Kardamomkapseln lösen, in einem Mörser zerstoßen und mit dem Zucker mischen. Die Butter schmelzen.

4. Teig in zwei Portionen teilen. Jede Teigportion auf einer bemehlten Arbeitsfläche noch einmal durchkneten und zu einem ca. 50 x 30 cm großen Rechteck ausrollen. Mit einem Backpinsel großzügig mit Butter bestreichen und mit der Hälfte des Kardamomzuckers bestreuen.
Dann von der Längsseite her fest aufrollen und mit der Naht nach unten hinlegen. Die Rolle mit einem Messer in 10 Stücke schneiden. Dabei immer schräg schneiden, sodass kleine Dreiecke ohne Spitzen entstehen.
Zum Schluss noch ein Holzstäbchen in die Mitte drücken. Mit ausreichend Abstand auf ein mit Backpapier belegtes Backblech legen, abdecken und weitere 30 Minuten gehen lassen.

5. Den Backofen auf 180° C (Ober- und Unterhitze) vorheizen.
Die Schnecken ca. 15 Minuten backen. Am besten lauwarm genießen.

ZUBEREITUNGSZEIT: ca. 30 Minuten · **BACKEN:** ca. 15 Minuten · **RUHEN:** über Nacht/min. 1 Stunde

XOXO

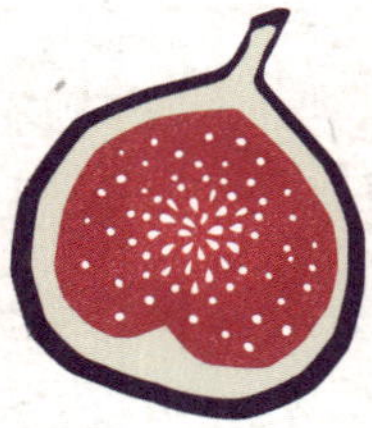

LAVENDEL-KEKSE

mit Tomaten-Feigen-Füllung

ZUTATEN

Für ca. 25 Stück

Für den Teig

100 g Marzipanrohmasse
1 Bio-Zitrone
2 TL getrocknete Lavendelblüten
150 g weiche Butter
50 g Zucker
1 Eigelb (M)
250 g Mehl und etwas zum Arbeiten

Für die Füllung

3 getrocknete Soft-Feigen (60-70 g)
200 g Datteltomaten
1 Bio-Zitrone
125 g Gelierzucker (2:1)

1. Für den Teig das Marzipan mit der Küchenreibe grob raspeln oder in sehr kleine Stücke zupfen. Bio-Zitrone waschen, abtrocknen und die Schale abreiben. Beides mit Lavendelblüten, Butter und Zucker mit den Knethaken des Rührgeräts gut verrühren. Eigelb kurz einrühren. Mehl dazugeben und alles mit den Händen zu einem glatten Teig verkneten. Zu einer Kugel formen und flach drücken. In Frischhaltefolie gewickelt mindestens 1 Stunde kühlen.

2. Für die Füllung die Feigen waschen und den Stielansatz abschneiden. Feigen klein würfeln. Etwa 1 Liter Wasser aufkochen. Die Tomatenhaut an der Unterseite mit einem scharfen Messer kreuzweise einschneiden. Tomaten in eine Schüssel legen und mit dem heißen Wasser übergießen. Wenn sich die Tomatenhaut an den Schnittstellen anfängt zu lösen, das Wasser abgießen und die Tomaten mit kaltem Wasser abschrecken. Tomaten häuten und in kleine Würfel schneiden. Die Stielansätze dabei herausschneiden.

3. Bio-Zitrone waschen und abtrocknen. Die Schale abreiben und den Saft auspressen. Feigen, Tomaten, Zitronenschale und -saft sowie Gelierzucker in einem Topf mischen und ziehen lassen.

4. Den Backofen auf 200 °C (Ober- und Unterhitze; 180 ° C Umluft vorheizen). Teig portionsweise auf einer bemehlten Arbeitsfläche ca. 0,5 cm dick ausrollen und Kekse ausstechen. Von jeder Form muss es eine durch zwei teilbare Anzahl geben, damit die Kekse später mit der Füllung zusammengesetzt werden können. Teigreste mit der nächsten Teigportion verkneten. So viele Kekse ausstechen, bis der Teig ganz aufgebraucht ist. Kekse im Ofen (Mitte) 6-7 Minuten backen. Herausnehmen und auf einem Gitter vollständig auskühlen lassen.

5. Tomaten-Feigen-Mischung im Topf erhitzen und bei schwacher bis mittlerer Hitze ca. 4 Minuten kochen lassen. Vom Herd nehmen und lauwarm abkühlen lassen. Dann etwas davon auf einem Keks verteilen. Einen zweiten Keks daraufsetzen, leicht andrücken und vollständig auskühlen lassen.

ZUBEREITUNGSZEIT: ca. 1 Stunde 10 Minuten · **KÜHLEN:** min. 1 Stunde · **BACKEN:** 5-7 Minuten
BACKFORM: Ausstecher in beliebiger Form (ca. 5 cm ø)

GELBES GEMÜSE

KLEINE MAIS-ROSMARIN-TORTE

mit Honig-Buttercreme

ZUTATEN

Für 8-10 Stücke

Für die Buttercreme

300 g Butter
360 g Puderzucker
3 EL Rosmarinhonig

Für den Teig

1 Dose Mais (285 g Abtropfgewicht)
2 Zweige Rosmarin
360 g Mehl
90 g Maismehl
3 TL Backpulver
1½ TL Salz
400 g Vollrohrzucker
6 Eier
80 ml Olivenöl und etwas für die Form

Für die Deko

2 Handvoll Popcorn
2-5 EL flüssiger Honig

1. Für die Buttercreme die Butter bräunen. Dafür die Butter in einem weiten Topf bei mittlerer Hitze schmelzen und zum Köcheln bringen. Sobald die Butter nach 10–15 Minuten die Farbe von hellem Bernstein bekommt und anfängt nussig zu riechen, ist sie fertig. Etwas abkühlen lassen. Eine Schüssel mit Frischhaltefolie auslegen. Die Butter hineingießen und so lange kühl stellen, bis sie die Konsistenz von zimmerwarmer Butter hat.

2. Inzwischen den Backofen auf 160 °C (Umluft) vorheizen. Springformen mit Backpapier auslegen und Ränder der Formen einfetten.

3. Für den Teig den Mais abtropfen lassen und mit dem Pürierstab fein pürieren. Rosmarin waschen und trocken schütteln. Die Nadeln abzupfen und sehr fein hacken. Beide Mehle, Backpulver, 1 ½ TL Salz und Rosmarin in einer Schüssel gut vermischen.

4. Zucker und Eier mit den Schneebesen des Rührgeräts ca. 5 Minuten schaumig schlagen. Olivenöl und Maispüree kurz unterrühren. Dann die Mehlmischung nach und nach untermengen. Den Teig gleichmäßig in den drei Springformen verteilen und im vorgeheizten Ofen (Mitte) in 40 Minuten goldbraun backen. Herausnehmen, etwas abkühlen lassen, dann aus den Formen lösen und auf einem Gitter vollständig auskühlen lassen.

5. Während die Teigschichten abkühlen, weiche braune Butter, Puderzucker und Honig mit den Schneebesen des Handrührgeräts cremig rühren. Auf zwei ausgekühlte Teigböden je 2 EL Buttercreme verstreichen. Alle Teigböden übereinander schichten und mit der restlichen Buttercreme überziehen. Zum Schluss mit Popcorn garnieren und mit Honig beträufeln.

ZUBEREITUNGSZEIT: ca. 1 Stunde 30 Minuten · **BACKEN:** 40 Minuten · **KÜHLEN:** min. 1 Stunde
BACKFORM: 3 Springformen (á 20 cm ø)

KARTOFFELKUCHEN

mit Erdnuss-Streusel

ZUTATEN

Für 16–20 Stücke

Für den Teig

250 g gekochte Kartoffeln vom Vortag
250 g Mehl und etwas zum Arbeiten
½ TL Salz
50 g Zucker
1 Päckchen Vanillezucker
1 Päckchen Trockenhefe
75 ml Milch
1 Ei (M)
2 EL neutrales Öl

Für den Belag

2 EL Zitronensaft
200 g Creme Fraîche
1 Päckchen Vanillezucker
2 Birnen (ca. 450 g)
100 g gesalzene Macadamiakerne
50 g kandierter Ingwer
200 g Vollkornmehl
70 g Zucker
140 g Butter

1. Für den Teig die Kartoffeln schälen und auf einer Küchenreibe fein raspeln oder durch eine Kartoffelpresse drücken. Mehl, ½ TL Salz, Zucker, Vanillezucker und Hefe in einer großen Teigschüssel mischen. Die Milch lauwarm erwärmen. Dann mit den Kartoffeln, dem Ei und dem Öl zur Mehlmischung geben und alles mit den Händen einige Minuten zu einem glatten Teig verkneten. Die Schüssel mit einem sauberen Geschirrtuch abdecken und den Teig an einem warmen Ort ca. 1 Stunde gehen lassen, bis er sein Volumen verdoppelt hat.

2. Ein Backblech mit Backpapier auslegen. Den Teig auf einer bemehlten Arbeitsfläche noch mal durchkneten, dann mit genügend Mehl auf Backblechgröße ausrollen. Teig auf das Backblech legen, in Form drücken und noch mal 30 Minuten gehen lassen.

3. Den Backofen auf 180 °C (Ober- und Unterhitze; Umluft 160 °C) vorheizen. Für den Belag Zitronensaft mit Creme Fraîche und Vanillezucker in einer Schüssel mischen. Die Birnen schälen, vierteln und das Kerngehäuse herausschneiden. Birnen mit einer Küchenreibe grob raspeln und dann sofort mit der Zitronen-Creme-Fraîche vermischen.

4. Für die Streusel Macadamiakerne und Ingwer fein hacken. Mit Mehl und Zucker in einer Schüssel mischen. Die Butter in einem kleinen Topf schmelzen lassen. Dann langsam zu der Mehlmischung gießen und alles gleichzeitig mit einer Gabel vermischen, sodass Streusel entstehen.

5. Den Teig gleichmäßig mit der Birnencreme bestreichen. Dann die Streusel darüber verteilen. Im Ofen (Mitte) 40–45 Minuten goldbraun backen.

ZUBEREITUNGSZEIT: ca. 1 Sunde · **BACKEN:** 40–45 Minuten · **RUHEN:** 1 Stunde + 30 Minuten
BACKFORM: 1 Backblech (ca. 33 x 24 cm)

KARTOFFEL-MARZIPAN-KÜCHLEIN

mit Mandeln

ZUTATEN

Für 12 Stück

Für den Teig

Fett für die Form
Mehl für die Form
200 g Kartoffeln
150 g Marzipanrohmasse
3 Eier (M)
100 g geschälte, gemahlene Mandeln
2 TL Backpulver
1 Prise Salz

Für die Deko

2 Marzipandecken
100 g Erdbeerkonfitüre ohne Stückchen
etwas Kakao

1. Den Backofen auf 180 °C (Ober- und Unterhitze) vorheizen. Die Mulden der Muffinform gut einfetten und dünn mit Mehl bestäuben. Kartoffeln waschen, schälen und auf einer Küchenreibe fein raspeln. Marzipan ebenfalls raspeln. Ist es zu weich, in sehr kleine Stücke zupfen.

2. Eier in eine Teigschüssel aufschlagen, Marzipan dazugeben und mit den Rührbesen des Rührgeräts weißschaumig schlagen. Mandeln, Backpulver und Salz in einer Schüssel mischen. Zuerst die Kartoffeln mit dem Teiglöffel unter die Eiermischung rühren, dann die Mandelmischung dazugeben und alles gut vermischen.

3. Den Teig in die Mulden der Form füllen. Küchlein im Ofen (Mitte) ca. 15 Minuten backen. Herausnehmen, kurz abkühlen lassen, dann aus der Form nehmen und mit der Oberseite nach unten vollständig auskühlen lassen.

4. Für die Deko aus Pappe einen Kreis mit ca. 11 cm Durchmesser ausschneiden. Die Marzipandecken entrollen. Mit Hilfe der Pappschablone und einem kleinen Messer aus den Marzipandecken 12 Kreise ausschneiden. Die Konfitüre glatt rühren. Die Oberseite und die Seiten der Küchlein damit einpinseln. Dann jeweils ein Marzipankreis mittig darauf platzieren und die Küchlein damit überziehen. Dafür das Marzipan an den Seiten in Falten legen. Zum Schluss die Küchlein mit Kakao bestäuben.

ZUBEREITUNGSZEIT: ca. 1 Stunde · **BACKEN:** 15 Minuten · **BACKFORM:** 12er-Muffinform

PASTINAKEN-TORTE

mit Karamell-Sahne-Füllung

ZUTATEN

Für 8-10 Stücke

Für die Deko

je 2 Möhren, Pastinaken, längliche Rote Bete (insgesamt ca. 750 g)
1,5 kg Zucker

Für die Füllung

75 g Zucker
600 g Schlagsahne
400 g Doppelrahmfrischkäse
30 g Puderzucker
½ TL Salz

Für den Teig

200 g Pastinaken
250 g Zucker
3 Eier (M)
125 ml neutrales Öl und etwas für die Form
350 g Mehl
Salz
2 TL Backpulver
50 g gemahlene Walnüsse
150 ml Milch

1. Für die Deko Rote Bete, Möhren und Pastinaken waschen, putzen und schälen. Wurzelgemüse in sehr feine Scheiben hobeln. 750 g Zucker und 350 ml Wasser bei mittlerer Hitze zum Kochen bringen. Zuerst Möhren- und Pastinakenscheiben darin bei schwacher Hitze ca. 20 Minuten köcheln.

2. In einem zweiten Topf den restlichen Zucker mit 250 ml Wasser bei mittlerer Hitze aufkochen, bis sich der Zucker aufgelöst hat. Die Hälfte des Sirups in einen dritten Topf umschütten. Möhren und Pastinaken mit einer Schaumkelle aus dem köchelnden Sirup heben und in einem Topf mit heißem Sirup abkühlen lassen. Rote-Bete-Scheiben ebenfalls ca. 20 Minuten köcheln und in dem anderen Sirup-Topf abkühlen lassen.

3. Inzwischen den Zucker in einem weiten Topf goldbraun karamellisieren. Mit 400 g Sahne ablöschen, aufkochen und offen bei mittlerer Hitze ca. 20 Minuten zu einem dicklichen Karamell einkochen. Abkühlen lassen.

4.Den Backofen auf 180 °C (Umluft) vorheizen. Die Springformen mit Backpapier auslegen und die Ränder einfetten. Pastinaken putzen, schälen und auf einer Küchenreibe fein raspeln. Die Eier trennen. Eigelbe und 200 g Zucker mit den Schneebesen des Rührgeräts cremig rühren. Das Öl langsam unter Rühren dazugießen. Mehl, 1 Prise Salz, Backpulver und Walnüsse mischen. Mehlmischung und Milch in drei Schritten dazugeben und jeweils nur kurz unterrühren. Pastinaken dazugeben und einrühren. Die Eiweiße mit 1 Prise Salz und übrigem Zucker (50 g) steif schlagen und vorsichtig unter den Teig heben. Den Teig auf beide Springformen verteilen und im Backofen (Mitte) ca. 30 Minuten backen. Kurz abkühlen lassen, dann aus den Formen lösen und ganz auskühlen lassen.

5. Für die Füllung Karamell, Frischkäse, Puderzucker und Salz mit den Schneebesen des Rührgeräts glatt rühren. Die restliche Sahne (200 g) nach und nach dazugeben und alles zu einer festen Karamell-Sahne aufschlagen. Kandiertes Wurzelgemüse auf Küchenpapier abtropfen lassen. Die abgekühlten Böden horizontal halbieren. Füllung zwischen und auf dem obersten Boden verteilen. Mit kandiertem Wurzelgemüse dekorieren und ca. 2 Stunden abkühlen lassen.

ZUBEREITUNGSZEIT: ca. 2 Stunden + 30 Minuten · **KÜHLEN:** 2 Stunden · **BACKEN:** 45 Minuten
BACKFORM: 2 Springformen (á 20 cm ø)

PASTINAKEN-ROLLE

mit Zitronencreme

ZUTATEN

Für 10 Stücke

Für den Teig

etwas Puderzucker für das Backblech
150 g Pastinaken
100 g Puderzucker
1 Prise Salz
6 Eier (M)
100 g Mehl
1 ½ TL Backpulver

Für die Füllung

400 g Doppelrahmfrischkäse
Schale und Saft von ½ Bio-Zitrone
Mark von ½ Vanilleschote
200 g Lemoncurd
100 g Schlagsahne
Puderzucker
1 Päckchen Sahnesteif

1. Den Backofen auf 180 °C (Ober- und Unterhitze; Umluft 160 °C) vorheizen. Ein Backblech mit Backpapier auslegen, dann dünn und gleichmäßig mit etwas Puderzucker bestäuben. Die Pastinaken putzen, schälen und mit einer Küchenreibe fein raspeln.

2. Puderzucker und 1 Prise Salz in einer Teigschüssel mischen. 2 EL davon in eine weitere große Teigschüssel geben. Die Eier trennen. Eiweiße zu der kleineren Menge Puderzucker, Eigelbe zu der größeren Menge Puderzucker geben. Die Eiweiß-Zucker-Mischung mit den Schneebesen des Rührgeräts sehr steif schlagen.

3. Eigelb-Zucker-Mischung mit den Schneebesen des Rührgeräts ca. 4 Minuten hell-schaumig schlagen. Pastinaken, Mehl und Backpulver dazugeben und unterrühren. Dann zuerst ein Drittel des Eischnees mit einem Teiglöffel kräftig unterschlagen. Das nächste Drittel vorsichtig unterheben. Mit dem restlichen Eischnee ebenso verfahren.

4. Den Biskuitteig auf das Backblech geben und vorsichtig gleichmäßig auf dem Backblech verstreichen. Im Ofen (Mitte) ca. 20 Minuten backen.

5. Ein sauberes Küchentuch auf die Arbeitsfläche legen und mit Zucker bestreuen. Den Biskuit aus dem Ofen nehmen und auf das Tuch stürzen. Das Backpapier vorsichtig abziehen. Den Biskuit sofort zusammen mit dem Tuch von der Längsseite her aufrollen und ca. 1 Stunde auskühlen lassen.

6. Inzwischen die Füllung vorbereiten. Dafür Frischkäse, Zitronensaft und -schale, Vanillemark und Lemoncurd mit den Schneebesen des Rührgeräts glatt rühren. Nach Belieben mit Puderzucker nachsüßen. Sahne nach und nach dazugießen und alles fest und fluffig schlagen.

7. Ausgekühlte Biskuitrolle wieder entrollen, gleichmäßig mit der Zitronencreme bestreichen und wieder einrollen. Rolle mindestens 1 Stunde kalt stellen. Vor dem Servieren mit Puderzucker bestäuben.

ZUBEREITUNGSZEIT: ca. 1 Stunde · **(AB-)KÜHLEN:** 2 Stunden · **BACKEN:** 20 Minuten
BACKFORM: 1 Backblech (ca. 33 x 24 cm)

KICHERERBSEN-SCHNITTEN

mit Schokoladenfudge

ZUTATEN

Für 12 Stück

Für den Teig

2 Dosen Kichererbsen (Abtropfgewicht je 265 g)
100 g Apfel-Mangokompott
3 EL neutrales Öl
200 g Vollrohrzucker
120 g feine Haferflocken
1 TL Backpulver
50 g Schokoplättchen

Für den Fudge

90 g Vollmilchschokolade
150 ml ungesüßte Kondensmilch
1 Päckchen Vanillezucker
Zucker nach Bedarf
grobes Meersalz nach Belieben

1. Kichererbsen in ein Sieb abgießen, gut abspülen und abtropfen lassen. Den Backofen auf 180 °C (Ober- und Unterhitze; 160 °C Umluft) vorheizen. Die Backform mit Backpapier auslegen.

2. Alle Zutaten für den Teig in einem Mixer zu einem feinen Püree zerkleinern. Zum Schluss die Schokoblättchen unterrühren. Den Teig gleichmäßig in die Backform streichen. Im Ofen (Mitte) ca. 45 Minuten backen, bis die Ecken braun werden. Herausnehmen und auskühlen lassen.

3. Für den Fudge die Schokolade grob hacken. Die Kondensmilch erhitzen, Schokolade dazugeben und unter Rühren darin schmelzen. Vanillezucker einrühren und mit Zucker abschmecken. Den Schokoladenfudge auf den abgekühlten Kichererbsenteig geben und glatt streichen. Zum Festwerden 1–2 Stunden kühl stellen.

4. Kuchen in Stücke schneiden und nach Belieben mit grobem Meersalz bestreuen.

ZUBEREITUNGSZEIT: ca. 25 Minuten · **BACKEN:** 45 Minuten · **BACKFORM:** eckige Backform (ca. 18 x 24 cm)

TIPP

Nach Belieben Kichererbsen in einer Pfanne mit Zucker karamellisieren und auf den Kuchen streuen.

MARONEN-KÜCHLEIN

mit Pralinen-Sauce

ZUTATEN

Für 12 Stück

Für die Küchlein

200 g gekochte Maronen (vakuumverpackt)
100 ml neutrales Öl und bei Bedarf etwas für die Form
2 Eier (L)
100 g Ahornsirup
200 ml Milch
100 g Mehl
100 g gemahlene Haselnüsse
1 TL Backpulver
1 Prise Salz

Für die Pralinen-Sauce

170 g Zucker
120 ml Wasser
200 g Schlagsahne
½ TL Salz
2 EL Bourbon Whiskey
200 g gekochte Maronen (vakuumverpackt)

1. Backofen auf 180 °C (Ober- und Unterhitze; Umluft 160 °C) vorheizen. Mulden der Backformen bei Bedarf einfetten.

2. Für den Teig Maronen und Öl am besten in ein hohes, schmales Gefäß geben. Dann mit dem Pürierstab zu einem feinen Maronenpüree verarbeiten. Eier in eine Teigschüssel aufschlagen. Maronenpüree, Ahornsirup und Milch dazugeben und mit einem Schneebesen gut verrühren, nicht schaumig schlagen. Mehl, Haselnüsse, Backpulver und 1 Prise Salz mischen und zügig unter die Maronenmischung rühren. Nicht zu lange rühren, sonst wird der Teig zäh. Teig in die Mulden der Form verteilen. Küchlein im Ofen (Mitte) 20–25 Minuten backen. Herausnehmen, kurz abkühlen lassen, aus der Form nehmen und vollständig auskühlen lassen.

3. Für die Sauce den Zucker in einen kleinen Topf geben. Bei mittlerer Hitze aufkochen und so lange kochen, bis der Zucker karamellisiert. Maronen mit einem großen Messer in kleine Stücke hacken. Wenn sich die Zuckermischung bernsteinfarben verfärbt, Sahne und Salz dazugeben und rühren, bis sich alle Klumpen aufgelöst haben. Zum Schluss die Sauce vom Herd nehmen, Whiskey und Maronen einrühren und noch warm oder oder abgekühlt großzügig über die Maronen-Küchlein träufeln.

ZUBEREITUNGSZEIT: ca. 50 Minuten · **BACKEN:** 20 Minuten · **BACKFORM:** (Silikon-)Form mit Platz für 12 Minigugels

GRÜNES GEMÜSE

MARMORKUCHEN

mit Spinat

ZUTATEN

Für 16 Stücke

300 g TK-Blattspinat
450 g weiche Butter und bei Bedarf etwas für die Form
300 g Zucker
3 Päckchen Vanillezucker
7 Eier (M)
600 g Mehl
1 ½ Päckchen Backpulver
1 Prise Salz
80 ml Milch
etwas Puderzucker

1. Spinat auftauen lassen. Dann samt der Flüssigkeit vom Auftauen mit einem Pürierstab so fein wie möglich zerkleinern. Den Backofen auf 180 °C (Ober- und Unterhitze; Umluft 160 °C) vorheizen. Form bei Bedarf einfetten.

2. In einer Teigschüssel Butter, Zucker und Vanillezucker mit den Schneebesen des Rührgeräts einige Minuten hell-cremig rühren. Die Eier nacheinander unterrühren. Diese Buttermasse halbieren.

3. Das Mehl mit dem Backpulver und 1 Prise Salz mischen. Die Hälfte davon mit der Milch zügig unter eine Hälfte der Buttermasse rühren. Die restliche Mehlmischung mit dem Spinatpüree und der anderen Hälfte der Buttermasse verrühren.

3. Den hellen und grünen Teig mit einem Esslöffel abwechselnd auf den Boden der Form setzen. Diesen Vorgang für die zweite Schicht wiederholen, aber jetzt darauf achten, dass dieses Mal heller Teig auf grünen Teig und umgekehrt geschichtet wird. Dann eine Gabel spiralförmig durch die beiden Teigschichten ziehen, damit die schöne Marmorierung entsteht.

4. Marmorkuchen im Ofen (Mitte) ca. 1 Stunde backen. Aus dem Ofen nehmen und in der Form 10 Minuten abkühlen lassen. Dann vorsichtig aus der Form stürzen und auf einem Gitter vollständig auskühlen lassen. Vor dem Servieren mit Puderzucker bestäuben.

ZUBEREITUNGSZEIT: ca. 35 Minuten · **BACKEN:** 1 Stunde · **BACKFORM:** (Silikon-)Gugelhupfform (24 cm ø)

ZUCCHINI-GUGELS

mit Marmorglasur

ZUTATEN

Für 36 Stück

Für den Teig

150 g Zucchini
1 Ei (L)
100 g flüssiger Honig
50 ml neutrales Öl und bei Bedarf etwas für die Form
150 g Vollkornmehl
75 g gemahlene Haselnüsse
1 TL Zimt
1 Prise Salz

Für die Glasur

100 g Vollmilchkuvertüre
100 g dunkle Kuvertüre
100 g weiße Kuvertüre

1. Den Backofen auf 180 °C (Ober- und Unterhitze; Umluft 160 °C) vorheizen. Die Mulden der Silikonform bei Bedarf einfetten. Die Zucchini waschen, putzen und mit einer Küchenreibe fein raspeln.

2. Das Ei in eine Teigschüssel aufschlagen. Honig und Öl dazugeben und mit einem Schneebesen gut verrühren, nicht schaumig schlagen. Mehl, Haselnüsse, Zimt und 1 Prise Salz mischen und zügig unter die Honigmischung rühren. Nicht zu lange rühren, sonst wird der Teig zäh. Zum Schluss die Zucchini untermischen.

3. Den Teig in einen Einmalspritzbeutel ohne Tülle füllen. Wenn nötig, die Spitze abschneiden, sodass ein ca. 1 cm großes Loch entsteht. Zucchini-Teig gleichmäßig in die Mulden der Silikonform verteilen und im Ofen (Mitte) ca. 15 Minuten backen. Herausnehmen und die Gugels in der Form auskühlen lassen. Dann von unten aus der Form drücken. Silikonformen waschen und gut abtrocknen.

4. Für die Glasur Wasser in einem Topf erhitzen. Vollmilch-, weiße und dunkle Kuvertüre grob mit einem Messer hacken. Getrennt in Einmalspritzbeutel (ohne Loch) füllen, zudrehen und in das heiße Wasser hängen, bis die Kuvertüre flüssig ist. Jeweils die Spitze ganz knapp abschneiden. Die drei Kuvertüren abwechselnd in kleinen Klecksen in die Mulden der Silikonform spritzen (wie den Teig bei einem Marmorkuchen), bis sie etwa halb gefüllt sind. Dann die abgekühlten Zucchini-Gugels wieder in die schokoladengefüllten Mulden setzen. Eventuell leicht drehen, bis oben etwas Kuvertüre herausquillt. Kuvertüre im Kühlschrank ca. 1 Stunde fest werden lassen und die Gugels wieder von unten aus der Form drücken.

ZUBEREITUNGSZEIT: ca. 45 Minuten · **BACKEN:** 15–20 Minuten · **KÜHLEN:** 1 Stunde
BACKFORM: 2 Silikonformen für kleine Gugelhupfe

ZUCCHINI-SOFTIES

mit Tonkabohne

ZUTATEN

Für 16 große Softies

1 große Zucchini (300–400 g)
100 g weiche Butter
150 g Zucker
1 Ei (L)
½ Tonkabohne
150 g gemahlene Mandeln
120 g Mehl
1 TL Backpulver
2 TL Stärke
1 Prise Salz
etwas Puderzucker

1. Zwei Backbleche mit Backpapier auslegen. Die Zucchini waschen, putzen und längs halbieren. Dann die Kerne mit einem Esslöffel herausschaben. Zucchini mit einer Küchenreibe fein raspeln. Zucchiniraspel mit den Händen gut ausdrücken.

2. Butter, Zucker und Ei in eine Teigschüssel geben. Tonkabohne dazureiben. Alles mit den Schneebesen des Rührgeräts ca. 5 Minuten schaumig schlagen. Mandeln mit Mehl, Backpulver, Stärke und 1 Prise Salz mischen. Zusammen mit den Zucchiniraspeln zu der Zucker-Butter-Mischung geben und unterrühren.

3. Den Teig mit einem Eisportionierer (5 cm für große Softies) auf die Backbleche setzen. Zwischen den Teighäufchen ausreichend Platz lassen, da die Kekse beim Backen noch auseinanderlaufen. Die Backbleche mit den Teigportionen für mindestens 2 Stunden kühlen.

4. Den Backofen auf 200 °C (Ober- und Unterhitze; Umluft 180 °C) vorheizen. Softies im Ofen (Mitte) 10–12 Minuten backen. Herausnehmen, kurz auf dem Blech abkühlen lassen, dann auf einem Gitter vollständig auskühlen lassen. Mit Puderzucker bestäuben.

ZUBEREITUNGSZEIT: ca. 30 Minuten · **KÜHLEN:** 2 Stunden · **BACKEN:** 15 Minuten

BROWNIES
mit Avocado-Frosting

ZUTATEN

Für 12 Stück

Für den Teig

200 g dunkle Schokolade (70 % Kakaogehalt)
100 g Walnüsse
2 große Avocados (ca. 500 g)
1 EL Zitronensaft
70 g Vollrohrzucker
1 Päckchen Vanillezucker
2 Eier (M)
100 g Mehl
2 EL Kakao
½ TL Backpulver
Salz

Für das Frosting

½ Vanilleschote
1 große Avocado (ca. 200 g)
1 EL Zitronensaft
250 g Puderzucker

1. Schokolade grob hacken und über einem heißen Wasserbad schmelzen, dabei öfter umrühren. Beiseitestellen und etwas abkühlen lassen.

2. Den Backofen auf 180 °C (Ober- und Unterhitze; Umluft 160 °C) vorheizen. Die Backform mit Backpapier auslegen. Walnüsse grob hacken. Avocados halbieren, den Kern entfernen und das Fruchtfleisch mit einem Löffel herauskratzen. Dann zusammen mit dem Zitronensaft mit einer Gabel so fein wie möglich zerdrücken.

3. Zucker, Vanillezucker und Eier in eine Teigschüssel geben und mit den Schneebesen des Rührgeräts schaumig rühren. Geschmolzene Schokolade und Avocadopüree dazugeben und nur kurz unter die Eiermischung rühren. Mehl, Kakao, Backpulver und 1 Prise Salz mischen. Mit den Walnüssen unter die Schoko-Avocadomasse heben – nicht zu lange rühren, sonst wird der Teig zäh. Den Teig in die vorbereitete Backform streichen und im Ofen (Mitte) ca. 30 Minuten backen. Brownies mit dem Backpapier aus der Form heben und auf einem Gitter auskühlen lassen.

4. Für das Frosting die Vanilleschote längs aufschneiden und das Mark herauskratzen. Die Avocado halbieren, den Kern entfernen und das Fruchtfleisch mit einem Löffel herauskratzen. Zusammen mit dem Zitronensaft mit einem Pürierstab fein pürieren. Puderzucker und Vanillemark dazugeben und zu einem festen, streichfähigen Frosting verrühren. Brownies in Stücke schneiden und das Frosting gleichmäßig darauf verstreichen.

ZUBEREITUNGSZEIT: ca. 45 Minuten · **BACKEN:** 30 Minuten · **BACKFORM:** eckige Backform (ca. 18 x 24 cm)

AVOCADO-ORANGEN-CREME

in Filoteig-Körbchen

ZUTATEN

Für 6 Stück

Für den Teig

40 g Butter
5 Blätter Filoteig

Für die Creme
(doppelte Menge)

1 EL Mandelblättchen
1 Orange
1 reife Avocado
200 g Sahne
1 Prise Salz
2 EL Zucker
1 Päckchen Vanillezucker

1. Den Backofen auf 180 °C (Ober- und Unterhitze) vorheizen. Für die Körbchen die Butter in einem kleinen Topf schmelzen. Die Filoteigblätter jeweils in vier gleich große Quadrate teilen und alle auf einer Seite mit flüssiger Butter bestreichen. Außerdem die Mulden der Muffinförmchen einfetten. Dann jeweils drei Teigquadrate versetzt übereinanderlegen und in die Muffinform drücken. Im Ofen (Mitte) 5–6 Minuten backen. Herausnehmen und in der Form abkühlen lassen.

2. Die Mandelblättchen in einer kleinen Pfanne bei mittlerer Hitze goldgelb rösten. Für die Creme die Orange schälen, sodass die weiße Haut vollständig entfernt wird. Die Fruchtfilets zwischen den Trennhäuten herausschneiden und klein würfeln. Dabei den Saft auffangen.

3. Die Avocado halbieren, den Kern entfernen und das Fruchtfleisch aus der Schale löffeln. Mit 2 EL aufgefangenem Orangensaft pürieren. Die Sahne mit den Schneebesen des Rührgeräts steif schlagen. Nach und nach Zucker und Vanillezucker einrieseln lassen.

4. Orangenwürfel unter die Avocado rühren, dann die Sahne unter die Creme heben. Die Filoteig-Körbchen auf Teller setzen, mit ca. 1 EL Avocado-Orangen-Creme füllen und mit den Mandelblättchen bestreuen.

ZUBEREITUNGSZEIT: ca. 30 Minuten · **BACKEN:** 5–6 Minuten · **BACKFORM:** 12er-Muffinform

ERBSEN-MUFFINS

mit Vanille-Glasur und Heidelbeeren

ZUTATEN

Für 12 Stück

Für den Teig

300 g TK-Erbsen
80 g weiße Schokolade
100 ml neutrales Öl und bei Bedarf etwas für die Form
200 ml Buttermilch
2 Eier (M)
150 g Zucker
1 Päckchen Vanillezucker
150 g Mehl
100 g Speisestärke
2 gehäufte TL Backpulver
1 Prise Salz

Für die Glasur

½ Vanilleschote
85 g Frischkäse
150 g Puderzucker
etwas Zitronensaft bei Bedarf
100 g Heidelbeeren

1. Erbsen in einem Sieb auftauen lassen. Backofen auf 180 °C (Ober- und Unterhitze) vorheizen. Mulden der Muffinform bei Bedarf einfetten oder Papierförmchen hineinsetzen. Weiße Schokolade fein hacken.

2. Erbsen, Öl und Buttermilch mit dem Pürierstab in einem hohen Gefäß pürieren. Eier in eine Teigschüssel aufschlagen. Zucker und Vanillezucker dazugeben und mit einem Schneebesen gut vermengen, nicht schaumig schlagen. Erbsenpüree unterrühren. Mehl, Speisestärke, Backpulver und 1 Prise Salz mischen und mit einem Teiglöffel zügig untermischen. Nicht zu lange rühren, sonst wird der Teig zäh. Zum Schluss die gehackte Schokolade unterheben. Den Teig in die Mulden der Form verteilen. Muffins im Ofen (Mitte) 20–25 Minuten backen. Herausnehmen, kurz abkühlen lassen, aus der Form nehmen und vollständig auskühlen lassen.

3. Für die Glasur die Vanilleschote längs aufschneiden und das Mark herauskratzen. Frischkäse, Puderzucker und Vanillemark mit den Schneebesen des Rührgeräts zu einer zähflüssigen Masse verrühren. Bei Bedarf noch etwas Zitronensaft dazugeben. Muffins nach Belieben mit der Glasur bestreichen. Heidelbeeren dekorativ daraufsetzen.

ZUBEREITUNGSZEIT: ca. 35 Minuten · **BACKEN:** 20–25 Minuten · **BACKFORM:** 12er-Muffinform

GRÜNKOHL-APFEL-KUCHEN

mit Mandeln

ZUTATEN

Für 10 Stücke

75 g Butter und etwas für die Form
200 g Grünkohl
50 ml Milch
1 Bio-Zitrone
2 säuerliche Äpfel (ca. 500 g)
1 Päckchen Vanillezucker
4 Eier
125 g Zucker
100 g Mehl
200 g gemahlene Mandeln
3 TL Backpulver
1 Prise Salz
ca. 50 g Mandelblättchen

1. Einen großen Topf mit Wasser aufsetzen. Die Butter zerlassen und lauwarm abkühlen lassen. Inzwischen die Grünkohlblätter vom Strunk entfernen, waschen und putzen. Dann die Blätter von den Blattrippen streifen und in kleine Stücke zupfen. Blätter in kochendem Wasser ca. 5 Minuten blanchieren, in ein Sieb abgießen, abschrecken und ausdrücken. Grünkohl mit der Milch so fein wie möglich pürieren.

2. Den Backofen auf 180 °C (Ober- Unterhitze; 160 °C Umluft) vorheizen. Die Springform mit Backpapier auslegen und den Rand einfetten. Die Zitrone waschen und abtrocknen. Die Schale abreiben und in die zerlassene Butter rühren. Eine Zitronenhälfte auspressen. Die Äpfel schälen, vierteln und vom Kerngehäuse befreien. Die Apfelviertel noch einmal längs halbieren und mit 1 EL Zitronensaft und dem Vanillezucker mischen.

3. Eier und Zucker mit den Schneebesen des Rührgeräts schaumig rühren und die Butter langsam dazufließen lassen. Mehl und Mandeln mit Backpulver und 1 Prise Salz mischen und abwechselnd mit der Grünkohl-Mischung unter die Eiermasse rühren.

4. Den Teig in die Backform füllen und mit den Apfelspalten belegen. Die Oberfläche mit den Mandelblättchen bestreuen. Den Kuchen im Ofen (Mitte) ca. 1 Stunde backen. Aus dem Ofen nehmen und 10 Minuten abkühlen lassen, dann aus der Form lösen und auf einem Gitter vollständig auskühlen lassen.

ZUBEREITUNGSZEIT: ca. 45 Minuten · **BACKEN:** 1 Stunde · **BACKFORM:** Springform (24 cm ø)

GURKEN-CUPCAKES
mit Gin

ZUTATEN

Für 12 Stück

Für den Teig

200 g Salatgurke
1 Bio-Limette
150 g weiche Butter und bei Bedarf etwas für die Form
150 g Zucker
2 Eier (M)
100 g Schmand
2-3 EL Gin
250 g Mehl
2 gehäufte TL Backpulver
1 Prise Salz

Für das Topping

150 g weiche Butter
4 EL g Puderzucker
150 g Doppelrahmfrischkäse
3 EL Gin
1 Limette für die Deko

1. Den Backofen auf 180 °C (Ober- und Unterhitze) vorheizen. Mulden der Muffinform bei Bedarf einfetten oder Papierförmchen hineinsetzen. Die Salatgurke waschen, schälen und längs halbieren. Die Kerne mit einem Löffel herausschaben. Gurke mit einer Küchenreibe fein raspeln, dann die Raspel mit den Händen gut ausdrücken. Die Limette waschen und abtrocknen. Die Schale abreiben und den Saft auspressen.

2. Für den Teig Butter, Zucker und Limettenschale mit den Schneebesen des Rührgeräts ca. 5 Minuten hellcremig schlagen. Die Eier nacheinander dazugeben und jeweils ca. 30 Sekunden einrühren. Schmand mit so viel Gin und Limtettensaft verrühren, bis er etwa so flüssig wie Buttermilch ist. Mehl, Backpulver und 1 Prise Salz mischen.

3. Flüssigen Schmand und Mehlmischung zügig unter die Eiermasse rühren. Zum Schluss die Gurkenraspel mit einem Teiglöffel unterheben. Teig in die Mulden der Form füllen. Im Ofen (Mitte) 20-25 Minuten backen. Herausnehmen, kurz abkühlen lassen, dann die Cakes aus der Form lösen und vollständig auskühlen lassen.

4. Für das Topping Butter, Puderzucker, Frischkäse und Gin mit den Schneebesen des Rührgeräts cremig rühren. Frosting mit einem Spritzbeutel dekorativ auf die Cupcakes spritzen und mit Limettenzesten dekorieren.

ZUBEREITUNGSZEIT: ca. 1 Sunde · **BACKEN:** 20-25 Minuten · **BACKFORM:** 12er-Muffinform

TIPP

Für einen zusätzlichen Früchte-Kick, 200 g schwarzes Johannisbeergelee und 3 EL Cassislikör glatt rühren und zwischen die Schichten streichen.

SPINAT-TÖRTCHEN

mit Schmand

ZUTATEN

Für 8-14 Stück

Für den Teig

450 g Rahmspinat
4 Eier (M)
250 g Zucker
1 Päckchen Vanillezucker
250 ml neutrales Öl
325 g Mehl
2 TL Backpulver
1 Prise Salz
150 g geschälte, gemahlene Mandeln
200 g schwarzes Johannisbeergelee
3 EL Cassislikör

Für die Füllung

400 ml Sahne
1 ½ EL Zucker
400 g Schmand
1 Pck. Gelantine, instant

1. Für den Teig den Rahmspinat auftauen lassen. Den Backofen auf 180 °C (Ober- und Unterhitze; Umluft 160 °C) vorheizen. Die Springform mit Backpapier auslegen und die Ränder einfetten. Die Eier trennen. Eigelbe, 200 g Zucker und Vanillezucker mit den Schneebesen des Rührgeräts hellcremig rühren. Das Öl langsam unter Rühren dazugießen. Mehl, 1 Prise Salz, Backpulver und Mandeln mischen. Ein Drittel der Mehlmischung und die Hälfte des Spinats zur Eigelbmasse hinzufügen und nur kurz unterrühren. Diesen Schritt wiederholen, dann die restliche Mehlmischung kurz untermischen. Die Eiweiße mit 1 Prise Salz und übrigem Zucker (50 g) steif schlagen und vorsichtig unter den Teig heben. Den Teig in die Springformen füllen und im Backofen (Mitte) ca. 1 Stunde. backen. Herausnehmen, kurz abkühlen lassen, dann aus der Form lösen und ganz auskühlen lassen.

2. Den abgekühlten Kuchen zweimal waagerecht durchschneiden und ca. 5 cm vom Rand abschneiden, diesen zerkrümmeln und auf die Seite stellen. Auf dem unteren Boden ein Drittel der Creme verstreichen. Mittleren Boden daraufsetzen und mit einem weiterem Drittel der Creme bestreichen. Kuchendeckel darauflegen und mit dem letzten Drittel bedecken. Auf die oberste Creme-Schicht die zur Seite gestellten Kuchenkrümmel streuen. Mit Folie abdecken. Kuchen für ca. 4 Stunden in den Kühlschrank stellen.

3. Mit einem runden hohen Ausstecher (ca. 5-10 cm ø) aus dem Kuchen Törtchen ausstechen und mit Beeren oder Blüten dekorieren.

ZUBEREITUNGSZEIT: ca. 50 Minuten · **BACKEN:** 1 Stunde
BACKFORM: Springform (24 cm ø) + hoher Ausstecher (ca. 5-10 cm ø)

ORANGEFARBENES GEMÜSE

MÖHRENKUCHEN
mit Sonnenknusper

ZUTATEN

Für 12 Stücke

Für den Teig

300 g Karotten
2–3 Äpfel (ca. 350 g)
1 EL Vanillezucker
Saft von ¼ Zitrone
3 EL Milch
250 g weiche Butter und etwas für die Form
250 g Zucker
4 Eier (M)
3 TL Zimt
250 g Mehl
1 gehäufter TL Backpulver
1 Prise Salz
80 g Sonnenblumenkerne

Für den Guss

50 g Butter
50 g Zucker
80 g Sonnenblumenkerne
20 g Schlagsahne

1. Karotten putzen, schälen und mit einer Küchenreibe fein raspeln. Vanillezucker, Milch und Zitronensaft verrühren. Äpfel waschen, schälen, vierteln und das Kerngehäuse entfernen. Die Apfelviertel sehr klein würfeln und gleich mit der Zitronenmischung verrühren. Den Backofen auf 180 °C (Ober- und Unterhitze; Umluft 160 °C) vorheizen. Den Boden der Springform mit Backpapier auslegen und den Rand einfetten.

2. Für den Teig Butter, Zucker, 1 Prise Salz und Zimt mit den Schneebesen des Rührgeräts leicht cremig schlagen. Die Eier nach und nach dazugeben und unterrühren. Das Mehl mit dem Backpulver mischen und nur kurz einrühren, dann die Karotten und Sonnenblumenkerne unterheben. Die Apfelwürfel gleichmäßig auf dem Teig verteilen und leicht andrücken.

3. Für den Knusperguss die Butter in einem kleinen Topf schmelzen. Zucker, Sonnenblumenkerne und Sahne dazugeben und alles zusammenrühren. Auf den Äpfeln verteilen und verstreichen. Kuchen im Ofen (Mitte) ca. 1 Stunde backen. Herausnehmen, kurz abkühlen lassen, dann aus der Form nehmen und auf einem Gitter vollständig auskühlen lassen. Nach Belieben in Quadrate oder Kuchenstücke schneiden.

ZUBEREITUNGSZEIT: 45 Minuten · **BACKEN:** ca. 1 Stunde · **BACKFORM:** Springform (24 cm ø)

SÜSSKARTOFFEL-COOKIES

mit Ingwer

ZUTATEN

Für 30 Stück

300 g Süßkartoffeln
1 Stück Ingwer (ca. 3 cm)
100 g Pekannüsse
225 g weiche Butter
300 g Vollrohrzucker
1 Ei (L)
250 g Vollkornmehl
180 g feine Haferflocken
1 TL Backpulver
¾ TL Salz
100–150 g Schokodrops

1. Die Süßkartoffeln waschen. Ungeschält in einem Topf mit wenig Wasser zugedeckt ca. 30 Minuten weich garen. Abgießen, ausdampfen lassen, dann schälen, grob zerkleinern und mit einem Pürierstab fein pürieren.

2. Den Backofen auf 160 °C (Umluft) vorheizen. Das Ingwerstück schälen und sehr fein reiben. Die Nüsse mit einem großen Messer hacken. Butter und Zucker in einer großen Teigschüssel mit den Schneebesen des Handrührgeräts hellcremig rühren. Das Ei einrühren, dann das Süßkartoffelpüree und den Ingwer dazugeben und untermischen. Mehl, Haferflocken und Backpulver mischen, in die Teigschüssel geben und nur kurz unterrühren. Zum Schluss Nüsse und Schokodrops mit einem Teiglöffel unterheben. Dann den Teig 5–10 Minuten stehen lassen, damit die Haferflocken quellen können.

3. Backbleche mit Backpapier auslegen. Den Cookie-Teig mit einem Eisportionierer (ø 5 cm) oder zwei Teelöffeln in eiskugelgroßen Portionen auf die Bleche setzen. Dabei dazwischen ausreichend Platz lassen, da die Kekse beim Backen noch aufgehen. Im vorgeheizten Ofen 12–14 Minuten backen. Herausnehmen, kurz auf dem Blech abkühlen lassen, dann auf einem Gitter vollständig auskühlen lassen.

TIPP

Die Süßkartoffelcookies am besten in einer Keksdose lagern.

ZUBEREITUNGSZEIT: ca. 45 Minuten · **BACKEN**: 12–14 Minuten

SÜSSKARTOFFEL-TARTE

mit feinen Gewürzen

ZUTATEN

Für 10 Stücke

Für den Teig

300 g Mehl und etwas zum Arbeiten
75 g Zucker
1 Prise Salz
200 g Butter und etwas für die Form
1 Eigelb

Für die Füllung

800 g Süßkartoffeln
50 g Zucker
2 Eier (M)
100 g Mascarpone
1 Prise Salz
1 ½ TL gemahlener Zimt
½ TL gemahlener Ingwer
¼ TL frisch gemahlene Muskatnuss
¼ TL gemahlene Nelken
¼ TL gemahlener Kardamom

1. Für den Teig Mehl, Zucker, 1 Prise Salz, die Butter in Stückchen und 2–3 EL kaltes Wasser in eine Schüssel geben. Zuerst alles mit den Fingerspitzen krümelig vermischen, dann zügig zu einem Teig verkneten. Zu einer Kugel formen, flach drücken und in Frischhaltefolie gewickelt ca. 1 Stunde kalt stellen.

2. Die Süßkartoffeln waschen. Ungeschält in einem Topf mit wenig Wasser zugedeckt ca. 30 Minuten weich garen. Abgießen, ausdampfen lassen, dann schälen, grob zerkleinern und mit einem Pürierstab fein pürieren. Das Püree mit allen anderen Zutaten für die Füllung gut verrühren.

3. Den Backofen auf 200 °C (Ober- und Unterhitze; 180 °C Umluft) vorheizen. Den Teig auf einer bemehlten Arbeitsfläche ca. 5 mm dick und ca. 5 cm größer als die Form ausrollen. Die Teigplatte mithilfe des Wellholzes in die Form legen. Den überstehenden Rand abschneiden. Den Boden mehrmals mit den Zinken einer Gabel einstechen.

4. Die Teigreste erneut kurz verkneten, ausrollen und Blätter ausstechen. Die Füllung gleichmäßig in der Tarteform verteilen und mit den Teigblättern belegen. Teigblätter mit Eigelb bestreichen. Tarte im Ofen ca. 35 Minuten backen. Herausnehmen, vollständig abkühlen lassen, dann aus der Form heben und in Stücke schneiden.

ZUBEREITUNGSZEIT: ca. 40 Minuten · **BACKEN:** 35 Minuten · **BACKFORM:** Tarteform (26–28 cm ø)

KAROTTEN-WHOOPIES

mit Haselnusskrokant

ZUTATEN

Für 15 Stück

Für den Teig

1 kleine Karotte (60–70 g)
100 g weiche Butter
100 g brauner Zucker (z. B. Rohrohrzucker)
1 Ei (M)
50 ml Orangensaft
230 g Dinkelmehl
1 TL Backpulver

Für die Füllung

100 g weiche Butter
4 EL Puderzucker
200 g Doppelrahmfrischkäse
1 TL abgeriebene Bio-Orangenschale
½ TL gemahlener Kardamom

Für die Deko

100 g weiße Kuvertüre
75 g Zucker
35 g gehackte Haselnüsse
1 TL Zimtpulver

1. Für den Teig den Backofen auf 160° C (Umluft) vorheizen. Zwei Backbleche mit Backpapier belegen. Die Karotte schälen, putzen und sehr fein reiben. Butter und braunen Zucker mit den Schneebesen des Rührgeräts cremig rühren. Ei und Orangensaft nacheinander hinzugeben. Mehl und Backpulver mischen und zügig unterrühren. Dann die Karottenraspel unterheben.

2. Von einem Einmalspritzbeutel die Spitze 2,5 cm hinzugeben. Den Teig einfüllen und 30 Teigportionen mit ca. 2 cm Höhe und ca. 3 cm Durchmesser auf die Bleche spritzen. Dabei jeweils ca. 4 cm Abstand lassen. Im Ofen (Mitte) ca. 13 Minuten backen, kurz abkühlen lassen, dann auf einem Gitter vollständig auskühlen lassen.

3. Für die Füllung Butter und Puderzucker cremig rühren. Frischkäse, Orangenschale und Kardamom untermischen. Die Füllung mit einem Spritzbeutel auf die Hälfte der Whoppieunterseiten spritzen. Die anderen Whoopiehälften darauflegen und leicht andrücken.

4. Für die Deko ein Backblech mit Backpapier auslegen. Den Zucker in einer großen Pfanne verteilen und bei mittlerer Hitze goldbraun karamellisieren lassen, Nüsse und Zimt unterrühren. Nusskaramell auf dem Blech verteilen, fest werden lassen. Den Karamell in Stücke brechen und im elektrischen Blitzhacker hacken. Die Kuvertüre unter Rühren über einem heißen Wasserbad schmelzen. Auf die Whoopies streichen und mit Haselnusskrokant bestreuen. Trocknen lassen.

ZUBEREITUNGSZEIT: ca. 1 Stunde 55 Minuten · **BACKEN**: 13 Minuten

SCHICHTTORTE
mit Karotten-Mascarponecreme

ZUTATEN

Für 8-10 Stücke

Für den Teig

½ Vanilleschote
125 g weiche Butter
100 g Zucker
Prise Salz
Schale von ½ Bio-Orange
2 Eier (M)
100 g Mehl
25 g Speisestärke
1 Msp. Backpulver
1 Prise Zimt

Für die Creme

400 g Karotten
100 g Gelierzucker (2:1)
250 g Mascarpone
Saft von ½ Zitrone

Für die Deko

1 große, lange Karotte (ca. 200 g)
150 g Zucker
200 g weiße Kuvertüre
10 g Palmfett

1. Für die Creme die Karotten putzen, schälen und in grobe Stücke schneiden. Mit etwas Wasser zugedeckt ca. 20 Minuten weich garen. Das Wasser abgießen, dann die Karotten pürieren. Gelierzucker untermischen und unter Rühren aufkochen. Bei schwacher Hitze ca. 5 Minuten köcheln lassen, dabei mehrmals umrühren. Vom Herd nehmen und auf Zimmertemperatur abkühlen lassen, dabei mehrmals umrühren.

2. Den Backofen auf 180 °C (Ober- und Unterhitze; Umluft 160 °C) vorheizen. Die Böden der Backformen mit Backpapier auskleiden. Für den Teig die Vanilleschote längs aufschneiden und das Mark herauskratzen. Butter, 80 g Zucker, 1 Prise Salz, Vanillemark und Orangenschale mit dem Schneebesen des Rührgeräts ca. 8 Minuten rühren. 1 Ei trennen, Eigelb und zweites Ei nacheinander unter die Buttermasse rühren. Mehl, Stärke, Backpulver und Zimt mischen, in die Teigschüssel sieben und kurz unter die Butter-Ei-Masse rühren. Eiweiß mit 1 Prise Salz steif schlagen, restlichen Zucker einrieseln lassen und zu einem festen Eischnee schlagen. Ein Drittel des Eischnees unter den Teig rühren, restlichen Eischnee vorsichtig unterheben.

3. Je ein Viertel des Teigs auf die Böden der Backformen streichen. Im vorgeheizten Ofen (Mitte) ca. 10 Minuten backen. Herausnehmen und auskühlen lassen. Die Böden können alternativ auch nacheinander gebacken werden.

4. Für die Creme das abgekühlte Karottenpüree mit Zitronensaft und Mascarpone verrühren. Zum Schichten der Torte die Böden in einer Springform mit je einem Drittel Karotten-Mascaponecreme übereinanderschichten. Obersten Boden nicht bestreichen. Mit Backpapier bedecken. Darauf z.B. einen runden Deckel einer Kunstoffdose legen. Diesen beschweren und die Torte mindestens 4 Stunden (am besten über Nacht) kalt stellen.

5. Für die Deko die Karotten putzen. Dann mit einem Sparschäler dicke, lange Streifen abschälen. 300 ml Wasser mit dem Zucker in einer breiten Pfanne aufkochen lassen. Die Karottenstreifen darin ca. 8 Minuten bei schwacher Hitze köcheln, in ein Sieb abgießen, abtropfen und abkühlen lassen. Kuvertüre hacken und mit dem Palmfett über einem heißen Wasserbad schmelzen lassen. Torte auf ein Gitter setzen und mit der Kuvertüre überziehen, sodass der Guss leicht nasig herunterläuft. Trocknen lassen. Zum Schluss die Torte mit den Karottenstreifen dekorieren.

ZUBEREITUNGSZEIT: ca. 2 Stunden · **KÜHLEN** mindesten 4 Stunde oder über Nacht · **BACKEN**: 10 Minuten
BACKFORM: 4 Springformen (à 20 cm ø)

KÜRBIS-CHEESECAKE
mit Schokokranz

ZUTATEN

Für 10 Stücke

Für den Teig

150 g dunkle Schokolade (70 % Kakaoanteil)
250 g weiche Butter und etwas für die Form
200 g Zucker
½ Tonkabohne
4 Eier (M)
350 g Mehl
2 TL Backpulver
4 EL Kakao
1 Prise Salz
100 ml Milch
etwas Puderzucker

Für die Füllung

1 Hokkaidokürbis (ca. 600 g)
100 g Zucker
4 Eier
300 g Doppelrahmfrischkäse
4 EL Speisestärke

1. Für die Cheesecakefüllung den Backofen auf 200 °C (Ober- und Unterhitze; 180 °C Umluft) vorheizen. Den Kürbis vierteln, die Kerne herausschaben und auf einem Backblech im Ofen (Mitte) 40–45 Minuten weich garen. Herausnehmen und etwas abkühlen lassen. Den Backofen auf 180 °C (Ober- und Unterhitze; Umluft 160 °C) zurückschalten.

2. Die Schokolade grob hacken und über einem heißen Wasserbad schmelzen, dabei öfter umrühren. Beiseitestellen und etwas abkühlen lassen. Die Backform einfetten.

3. Für den Teig weiche Butter in eine Teigschüssel geben, Tonkabohne fein reiben und mit Zucker zur Butter geben. Mit den Schneebesen des Rührgeräts hellcremig rühren. Die Eier nacheinander einrühren. Mehl, Backpulver, Kakao und 1 Prise Salz mischen und abwechselnd mit 75 ml Milch und der geschmolzenen Schokolade zügig unter die Buttermasse rühren.

4. Für die Cheesecake-Füllung das Kürbisfleisch mit einem Löffel von der Schale schaben, dann fein pürieren – es sollten ca. 300 g sein. Eier und Zucker mit den Schneebesen des Rührgeräts schaumig rühren. Kürbispüree, Frischkäse und Stärke unterrühren.

5. Zwei Drittel des Schokoladenteigs in die Backform füllen. Den Teig am äußeren und inneren Rand bis zur Kante hoch streichen, sodass eine tiefe Kuhle entsteht, die fast bis zum Formboden geht. Die Füllung in diese Vertiefung füllen. Den restlichen Teig mit der übrigen Milch (25 ml) verrühren und vorsichtig auf der Kürbis-Frischkäse-Masse verteilen und die Kuhle damit verschließen. Im Ofen (Mitte) ca. 1 Stunde backen. Kuchen herausnehmen und lauwarm abkühlen lassen. Dann auf ein Gitter stürzen und vollständig auskühlen lassen. Vor dem Servieren mit Puderzucker bestäuben.

ZUBEREITUNGSZEIT: ca. 1 Stunde · **BACKEN:** 40–45 Minuten + ca. 1 Stunde · **BACKFORM:** Savarinform (24 cm ø)

KÜRBISKRANZ

mit Espressofüllung

ZUTATEN

Für 12 Stücke

Für den Teig

1 Hokkaido-Kürbis (ca. 1 kg)
6 Eier (M)
300 g Vollrohrzucker
100 ml neutrales Öl und bei Bedarf etwas für die Form
3 EL brauner Rum
370 g Vollkornmehl
Salz
2 gehäufte TL Backpulver

Für die Füllung

80 g Vollrohrzucker
7 g Instant-Espressopulver
2 TL Zimtpulver

1. Kürbis waschen und halbieren. Kerne und faseriges Inneres entfernen und das Fruchtfleisch mit Schale in ca. 2 cm große Würfel schneiden. In einen Topf geben und mit wenig Wasser im geschlossenen Topf bei mittlerer Hitze in ca. 15 Minuten weich garen. Das Wasser abgießen, dann mit einem Pürierstab sehr fein pürieren und vollständig auskühlen lassen.

2. Den Backofen auf 180 °C (Ober- und Unterhitze; Umluft 160 °C) vorheizen. Die Form bei Bedarf einfetten. Für die Füllung Zucker, Espresso- und Zimtpulver in einer Schüssel gut miteinander vermischen. Für den Teig 500 g Kürbispüree, Eier, Öl, Rum und Zucker verrühren. Mehl, 1 Prise Salz und Backpulver mischen, zur Kürbismischung geben und alles miteinander zu einem glatten Teig verrühren.

3. Ein Drittel des Teigs in die Gugelhupfform füllen und mit der Hälfte der Espressomischung bestreuen. Das nächste Drittel des Teigs in die Form schichten und mit der restlichen Füllung und dem letzten Drittel Teig bedecken. Im Ofen (Mitte) ca. 1 Stunde backen. Herausnehmen, ca. 15 Minuten in der Form abkühlen lassen, dann auf ein Gitter stürzen und vollständig auskühlen lassen.

ZUBEREITUNGSZEIT: ca. 1 Stunde · **BACKEN:** 1 Stunde · **BACKFORM:** (Silikon-)Gugelhupfform (24 cm ø)

KÜRBIS-CREME-KUCHEN

mit Orangen-Gremolata

ZUTATEN

Für 12 Stücke

Für die Füllung

1 Hokkaido-Kürbis (ca. 500 g)
½ Vanilleschote
200 g Doppelrahmfrischkäse
1 TL Lebkuchengewürz
250 g Schlagcreme mit 19 % Fett
120 g Puderzucker

Für den Boden

70 g geschmolzene Butter
15 Vollkornkekse
50 g kandierter Ingwer

Für die Gremolata

1 Bio-Orange
1 Stück Ingwer (ca. 1 cm)
1 Vollkornkeks
1 TL Zimtpulver
1 EL Vollrohrzucker

1. Den Kürbis waschen und halbieren. Kerne und faseriges Inneres entfernen und das Fruchtfleisch mit Schale in ca. 1 cm große Würfel schneiden. In einen Topf geben und mit wenig Wasser im geschlossenen Topf bei mittlerer Hitze ca. 15 Minuten weich garen. Das Wasser abgießen, dann mit einem Pürierstab sehr fein pürieren und vollständig auskühlen lassen.

2. Inzwischen den Boden der Backform mit Backpapier auskleiden. Die Butter in einem kleinen Topf bei mittlerer Hitze schmelzen. Die Vollkornkekse und den kandierten Ingwer in einem Blitzhacker fein hacken. Kekskrümel mit der geschmolzenen Butter mischen, dann auf dem Boden der Kuchenform verteilen und mit der Rückseite eines Löffels gut andrücken und einen kleinen Rand formen. Im Kühlschrank fest werden lassen.

3. Die Vanilleschote längs aufschneiden und das Mark herauskratzen. Frischkäse mit Vanillemark, Lebkuchengewürz und Puderzucker mit den Schneebesen des Rührgeräts ca. 1 Minute aufschlagen. Dann 250 g Kürbispüree einrühren. Die Schlagcreme mit den Schneebesen des Rührgeräts sehr steif schlagen und unter die Frischkäse-Kürbis-Mischung heben. Die Füllung auf dem Keksboden verteilen, glattstreichen und für ca. 4 Stunden oder über Nacht kühl stellen.

4. Für die Gremolata die Orange warm waschen und abtrocknen. Mit einem Sparschäler 2 Streifen Schale abschälen. Den Ingwer schälen und klein schneiden. Orangenschale, Ingwer, Keks, Zimt und Zucker im Blitzhacker sehr fein hacken. Den Kuchen aus der Form lösen und vor dem Servieren mit der Gremolata bestreuen.

ZUBEREITUNGSZEIT: ca. 1 Stunde · **KÜHLEN:** 4 Stunden oder über Nacht · **BACKFORM:** Springform (20 cm ø)

BUCHTIPPS

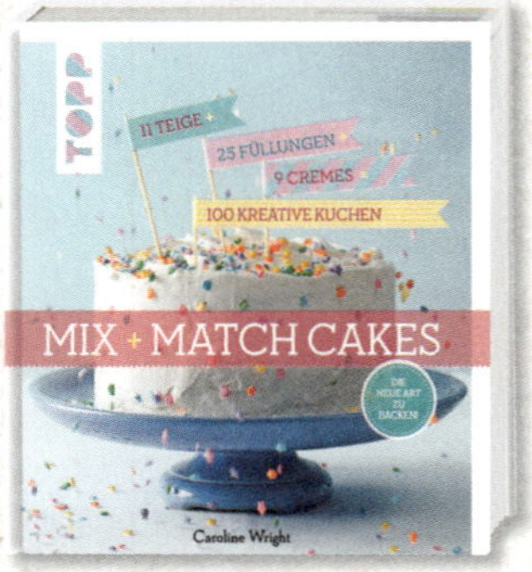

TOPP 8031

ISBN 978-3-7724-8031-7

TOPP 8026

ISBN 978-3-7724-8026-3

TOPP 8015

ISBN 978-3-7724-8015-7

TOPP 8013

ISBN 978-3-7724-8013-3

TOPP 8004

ISBN 978-3-7724-8004-1

TOPP 8003

ISBN 978-3-7724-8003-4

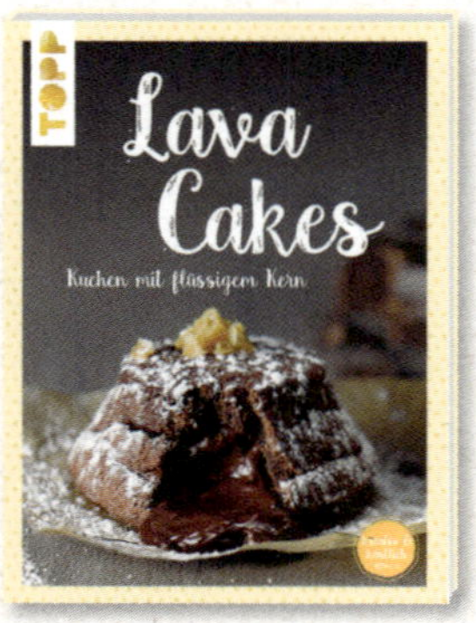

TOPP 8012

ISBN 978-3-7724-8012-6

TOPP 8023

ISBN 978-3-7724-8023-2

TOPP 8021

ISBN 978-3-7724-8021-8

DIE AUTORIN

Stephanie Schönemann kocht leidenschaftlich gerne seit ihre Oma ihr gezeigt hat, wie man ein flüssiges Ei in Gemüsebrühe rührt. Und da sie von Nährwertangaben auf Lebensmittelverpackungen und der Glykolyse praktisch magisch angezogen wurde, war das Ökotrophologiestudium (Ernährungswissenschaft) bald gesetzte Sache. Danach entdeckte Stephanie, wie sie ihr Hobby mit dem Beruflichen verbinden kann und arbeitete nach dem Studium sechs Jahre als Kochbuch-Redakteurin bei zwei der größten deutschen Ratgeberverlage. Dort entdeckte sie auch etwas verspätet ihre Begeisterung für das Backen und gründete mit einer Kollegin die Pop Up Bakery Stuttgart. Seither gibt es keinen Halt mehr und die Wochenenden, an denen der Backofen quasi durchläuft, gehören zum Alltag.

Mittlerweile ist sie Programmleiterin eines Digitalverlags in Stuttgart, wo sie auch mit ihrem Freund im Grünen wohnt.

DANKE

an meine Produktmanagerin Mirjam Schilling vom frechverlag, die dieses Buchprojekt mit einem außergewöhnlichen Einsatz geleitet hat. Außerdem möchte ich meinem Freund Daniel Klein danken, ohne dessen Geduld, Verständnis und Unterstützung beim Mehlschleppen, Geschirrberge spülen und Testessen ich wahrscheinlich nie fertig geworden wäre. Danke liebe Daniele Bendel für deine Hilfe bei den Back-Sessions vor den Foto-Shootings. Das hat alles so viel einfacher gemacht!
Und zuletzt möchte ich allen Leserinnen und Lesern danken, die dieses Buch gekauft haben und hoffentlich viel daraus backen werden.

IMPRESSUM

FOTOS: frechverlag GmbH, 70499 Stuttgart; lichtpunkt, Michael Ruder, Stuttgart
ILLUSTRATIONEN: Josy Jones
PRODUKTMANAGEMENT: Mirjam Schilling
PRODUKTMANAGEMENT: Friederike Ahlborn, Angela Vornefeld
GESTALTUNG UND SATZ: Nakischa Scheibe
DRUCK UND BINDUNG: GPS Group GmbH, Österreich

1. Auflage 2016

ISBN: 978-3-7724-8027-0 Best.-Nr. 8027